?! 歴史漫画 タイムワープ シリーズ 通史編 5

平安時代へタイムワープ

マンガ：市川智茂／ストーリー：チーム・ガリレオ／監修：河合 敦

はじめに

平安時代は、794年に都が奈良から京都に移されてから、源頼朝が鎌倉幕府を開くまでのおよそ400年間のことです。この時代は、貴族が政治や文化の中心となりました。

この時代について、学校の授業では、藤原道長に代表される藤原氏が大きな力を持ったことや、華やかな貴族たちの暮らし、さらに日本風の文化が生まれたことなどについて学びます。

今回のマンガでは、平安時代の日本にタイムワープをしたサラとダイゴのきょうだいが、平安京の闇の世界にうごめく妖怪や怨霊に襲われるなど、さまざまなピンチを経験します。

華やかといわれる貴族の時代が、実際はどんなものだったのか、彼らと一緒に見てみましょう！

監修者　河合 敦

今回のタイムワープの舞台は…？

年代	時代区分	時代	出来事
4万年前	先史時代	旧石器時代	日本人の祖先が住み着く
2万年前			
1万年前		縄文時代	土器を作り始める／貝塚が作られる／米作りが伝わる
2000年前		弥生時代	
1500年前	古代	古墳時代／飛鳥時代	大和朝廷が生まれる
1400年前			
1300年前		奈良時代	平城京が都になる
1200年前			平安京が都になる
1100年前		平安時代	華やかな貴族の時代
1000年前			
900年前		←ココ!!	
800年前	中世	鎌倉時代	モンゴル（元）軍が2度攻めてくる
700年前			室町幕府が開かれる
600年前		室町時代	金閣や銀閣がつくられる
500年前			
400年前		安土桃山時代	江戸幕府が開かれる
300年前	近世	江戸時代	
200年前			明治維新
100年前	近代	明治時代／大正時代	大正デモクラシー
50年前	現代	昭和時代	太平洋戦争／高度経済成長
		平成時代／令和時代	現代

- 米作りが広まる
- 巨大なお墓（古墳）がつくられる
- 奈良の大仏がつくられる
- 鎌倉幕府が開かれる（武士の時代の始まり）
- 戦国時代
- 町人文化が盛んになる
- 文明開化
- 現代

もくじ

1章 平安時代にやってきた！　8ページ

2章 これが都を守る神様だ!!　24ページ

3章 平安京は妖怪がいっぱい！　40ページ

4章 将門の怨霊　56ページ

5章 サラが呪いにかけられちゃった!?　72ページ

6章 見習い陰陽師は大変だよ　88ページ

7章 最強の怨霊・菅原道真　104ページ

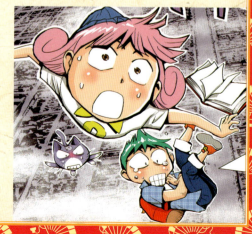

歴史なるほどメモ

1. 平安時代ってどんな時代？ 22ページ
2. 平安京ってどんなところ？ 38ページ
3. 平安時代の妖怪たち 54ページ
4. 最強の陰陽師・安倍晴明 70ページ
5. 平安時代の貴族たち 男性編 86ページ
6. 平安時代の貴族たち 生活編 102ページ
7. 最強の怨霊？ 菅原道真 118ページ
8. 平安時代に発展した文学 134ページ
9. 平安時代の貴族たち 女性編 152ページ
10. 平安貴族の時代が終わった 172ページ

教えて!! 河合先生 平安時代おまけ話

1. 平安時代ヒトコマ博物館 174ページ
2. 平安時代ビックリ報告 176ページ
3. 平安時代ニンゲンファイル 178ページ
4. 平安時代ウンチクこぼれ話 180ページ

8章 ダイゴの歴史図鑑を守れ！ 120ページ

9章 スーパー陰陽師・安倍晴明!! 136ページ

10章 ニャン丸の命を救え！ 154ページ

登場人物

サラ

ダイゴのお姉ちゃん。
好奇心旺盛な、
元気いっぱいの小学生。
スポーツ万能で、
サッカー部ではエース。
弟思いでいつも頼りにされている。

ダイゴ

サラの弟。
少し気が弱いけれど、
賢くて優しい男の子。
じいからもらった歴史図鑑が
宝物で、いつも持ち歩いている。

ニャン丸

サラとダイゴが飼っているネコ。
弥生時代にタイムワープしたとき*に
ヒミコから不思議な力を授けられ、
人間の言葉が話せるネコになった。

＊『弥生時代へタイムワープ』も読んでね！

佳秀（よしひで）

平安時代（へいあんじだい）の見習（みなら）い陰陽師（おんみょうじ）。
怨霊（おんりょう）たちに立（た）ち向（む）かうのだが、
修行中（しゅぎょうちゅう）なので、なかなか
うまくいかない。

安倍晴明（あべのせいめい）

平安時代（へいあんじだい）に活躍（かつやく）した、
有名（ゆうめい）な陰陽師（おんみょうじ）。
もののけや怨霊（おんりょう）たちが
恐（おそ）れるような、
強（つよ）い力（ちから）を持（も）っている。

じい

サラとダイゴのおじいさん。
歴史学者（れきしがくしゃ）。現在（げんざい）はもっぱら、
田舎（いなか）でコメ作（づく）りをしている。

マリリン

サラとダイゴの
おじいさんの
家（いえ）に伝（つた）わる古（ふる）い鞠（まり）。
魂（たましい）を持（も）つ妖怪（ようかい）となり、
サラに「マリリン」と
名（な）づけられた。

1章
平安時代にやってきた！

「百鬼夜行絵巻」(部分)
国立国会図書館蔵

平安時代ってどんな時代?

① 平安時代の始まり

今から約1200年前の奈良時代の終わり頃、貴族と僧侶の勢力争いによって、政治は混乱していました。781(天応1)年に天皇(帝)の位についた桓武天皇は、政治を立て直すため、都を京都に移すことを決めました。そして、794(延暦13)年、平安京と名づけられた新しい都をつくりました。平安時代とは、平安京に都が置かれてから約400年間続いた時代を指します。

② 貴族たちの華やかな生活

平安時代は、一部の有力な皇族や貴族たちが政治を動かした、貴族中心の時代です。
この時代には、唐(中国)の文化をお手本にし、貴族の生活環境や感性に合わせて発展した、日本独自の文化(国風文化)が栄えました。なかでも有名なのが、寝殿造と呼ばれる豪華な屋敷です。その中で貴族たちは、優雅で華やかな生活をしていました。

平安貴族が生活する寝殿造の居住空間(模型)
寝殿造の屋敷には、庭や池もあった

風俗博物館蔵

ウソ？ホント？ 平安京に都を移したのは怨霊にビビったから？

桓武天皇は、平安京をつくる前に、京都に長岡京という都をつくりました。でもわずか10年でこの都をすてて、別の場所に平安京をつくりました。その理由にはこんな説があります。

建設の責任者が暗殺された！

長岡京の建設は、天皇が信頼するけらいの藤原種継が任されていました。ところが、建設開始から1年が過ぎた頃、種継が何者かによって暗殺されてしまいます。すぐに犯人グループは捕まり処罰されたのですが、この出来事がさらなる大きな不幸を引き起こすことになりました。

処罰した弟・早良親王の死!!

藤原種継暗殺に、弟で、皇太子の早良親王が関わっていると聞いて激怒した桓武天皇は、早良親王から皇太子の位を奪い、淡路（兵庫県）へ島流しの刑にしました。無罪を主張していた早良親王は、桓武天皇のひどい対応に怒って食事を拒み、島に向かう途中、衰弱死してしまいました。

＊皇太子＝次の天皇になる資格を持つ人

早良親王の怨霊が怖かった!?

早良親王の死から数年後、さまざまな不幸が桓武天皇を襲います。数年の間に、妻や実の母などの身近な人たちが相次いで亡くなったり、天候不順による凶作や、悪い病気が流行するなどの異変が続いたりしたのです。

これらの不吉な出来事の原因を占わせると、早良親王の怨霊のせいだという結果が出ます。驚いた桓武天皇は、怨霊の怒りをしずめようと供養を行いますが、騒ぎはいっこうにやみません。とうとう桓武天皇は長岡京をあきらめ、平安京に都を移すことにしたのだそうです。

怨霊のたたりを信じてたんだな〜

2章 これが都を守る神様だ!!

平安京ってどんなところ？

1千年以上都だったんだね

平安京の模型（1／1千）
中央上下（南北）にのびる大きな通りが朱雀大路

写真：京都市歴史資料館

① 唐（中国）の都がモデル

平安京は、奈良時代の都・平城京と同じく、唐の都・長安をモデルにしてつくられました。東西約4.5km、南北約5.2kmの広さの都には、いくつもの通りが碁盤の目のように規則正しく並んでいました。

平安京は、中央にまっすぐのびる朱雀大路を中心に東西に分けられ、東側を左京、西側を右京と呼んでいました。都の北部中央には、政治上の仕事や儀式を行う建物が並ぶ大内裏があり、その中に天皇の宮殿である内裏がありました。大内裏の近くには高級貴族の家があり、人々の住居はそれより南にありました。

都のある場所は、交通の便がよく、また近くには川の水も豊富で、生活に便利に恵まれたところでした。平安京は、明治時代に日本の首都が東京に定められるまで、1千年以上都として栄えました。

平安京は、伝説の生き物・四神に守られている!?

平安京は、中国から伝わった「四神相応」という考え方に基づいてつくられたといわれています。「四神相応」とは、東西南北の方角にいるとされる4つの守り神が、それぞれのパワーを発揮するのに最も適した土地環境のことです。

◆ ◆ ◆

東西南北の四神とは、東の青龍、西の白虎、南の朱雀、北の玄武のことです。「四神相応」によると、青龍は川、白虎は道、朱雀は池、玄武は山がある環境で、パワーを最も発揮するのだそうです。

◆ ◆ ◆

この条件を平安京に当てはめてみると、平安京の東(青龍)には鴨川、西(白虎)には山陰道、南(朱雀)には巨椋池、北(玄武)には舩岡山があります。このことから、平安京は「四神相応」の考え方に合った都づくりになっていることがわかります。

桓武天皇は、この都で平和で安全な生活が送れるように、四神のパワーを借りようとしていたのかもしれませんね。

四神と方角
四神は、中国で信じられていた空想上の動物。天の東西南北を守るだけでなく、よいことが起こる前触れとして大切にされていた

玄武 天の北方を守る。亀に蛇が巻きついた姿をしている。「げんむ」とも読む

青龍 天の東方を守る。青い色の巨大な龍。「せいりょう」とも読む

白虎 天の西方を守る。白い色の虎の姿をしている

朱雀 天の南方を守る。中国の想像上の鳥・鳳凰に似た赤い色の鳥。美しく大きな羽を持つ

3章 平安京は妖怪がいっぱい！

TIME WARP memo
歴史なるほどメモ③

平安時代の妖怪たち

① 平安貴族を脅かすものたち

平安時代の貴族たちは、「もののけ」や「妖怪」、「怨霊」などの存在を信じ、それらに危害を加えられることを恐れ、おびえながら生活していました。

平安貴族がいう「もののけ」とは、不特定の何か（もの）の霊力を意味する「物気」と、死霊や生き霊、またそれらが人にたたることを意味する「物の怪」を指します。「妖怪」とは、不思議な現象を起こす「もののけ」のことで、主に異世界にすみ、たまに人間界に現れると考えられていました。「怨霊」とは、強い恨みや憎しみを持つ人間の思いが生む化け物のことです。怨霊が持つ強い思いは、たたりを起こしたり、病気や死の原因になったりする場合もあると信じられていました。

「百鬼夜行」の仲間たちマリ

もの知りコラム

「百鬼夜行絵巻」

妖怪たちが大行進

人間が寝静まった真夜中に、たくさんの妖怪たちが大行進するという――。左の絵は、そんな「百鬼夜行」の様子を描いた絵巻物です。

妖怪たちの姿形は、多くの絵師たちによって想像され、絵巻などに描き残されています。その代表的な絵巻のひとつ「百鬼夜行絵巻」には、現代の妖怪漫画に登場しそうな、奇妙でかわいいものもたくさんいます。

ウソ？ホント？ 平将門さんに聞きました
なぜ怨霊になったの？

ダイゴ　平将門さんってどういう人なんですか？

将門　わしはもともと、下総国北部（茨城県）を本拠地とする武士じゃ。父の領地を奪った親戚との戦いに勝利した時、わしの強さが注目され、関東武士の人気者になったんじゃ。

サラ　そんな将門さんが、なぜ怨霊になったの？

将門　あれは939（天慶2）年のことじゃった。多くの武士から慕われるようになったわしのもとに、常陸国（茨城県）の役人と対立する藤原玄明が助けを求めてきたんじゃ。わしは彼をかくまい、役人と戦って勝利した。この時、勢いに乗ったわしは、関東全域を制圧して、「わしが新しい天皇（新皇）じゃー!!」なんて言ってたんじゃが、結局朝廷側の軍に攻められて討ち死にしてしまったんじゃ。

ニャン丸　それが怨霊になった理由ニャン？

将門　問題はそのあとじゃ。死んだわしの首は、切り取られて都に運ばれ、さらし首にされたんじゃ。わしは胴体に戻りたくてのぉ……怨霊となって首だけで飛び回るようになったんじゃ。

とがった頭髪の赤鬼が、鋭い爪を箱にかけてこじ開けている。箱の中にいた妖怪たちは、我先にと逃げ出していく

「百鬼夜行絵巻」（部分）
国立国会図書館蔵（以下のコラムページも）

4章
将門の怨霊から逃げろ!!

最強の陰陽師・安倍晴明

① 貴族を守る陰陽師とは

陰陽師とは、主に天体観測やそれに基づいた占いなどの陰陽道の技術を扱う人のことです。また実際に、その技術を使って、天皇や貴族を怨霊や病気等から守るおはらいなども行いました。

陰陽師には、朝廷内の役所で働き、技術の研究なども行う官人陰陽師と、民間で活動する法師陰陽師がいました。官人陰陽師は、二十数人程度しかいなかったので、主に皇族や高級貴族しか利用できませんでした。そのため中級以下の貴族たちは、法師陰陽師に依頼して、自分たちの身を守ってもらっていたそうです。

> 陰陽師は苦手やわあ

> 赤い舌をぺろりと出す三つ目小僧

> 晴明様はカリスマ陰陽師なんです

② 安倍晴明ってどんな人？

平安時代に活躍した陰陽師の中で、現在最も有名なのが安倍晴明です。晴明は、朝廷に仕える官人陰陽師のひとりで、優れた能力を持っていました。彼は難しい占いや不吉をはらうだけではなく、天皇や貴族の長寿や幸福を祈る重要な儀式も任されるなど、当時の権力者たちから高い信頼を得ていました。

晴明は、朝廷の重要な役職をいくつも歴任し、従四位下というかなり高い位まで出世しました。当時としては珍しく、85歳まで長生きしたそうです。

もの知りコラム

安倍晴明のマーク　五芒星

5つの線で結んだこの図形は、「五芒星」と呼ばれるマークで、安倍晴明が編み出したものといわれています。別名「晴明桔梗」や「セーマン」ともいい、晴明の紋として使われています。

ウソ？ホント？
カリスマ陰陽師 安倍晴明伝説

安倍晴明には、たくさんの不思議な伝説が残されています。平安時代後期にできた、昔話やお話を集めた『今昔物語集』など、多くの書物で読むことができます。例えば――、

晴明 烏の話を聞く

ある時晴明は、2羽の烏の会話を耳にしました。烏の話によると、天皇の重い病気の原因は、内裏に埋まっている土器に宿った霊のたたりだというのです。そこで晴明が烏の言うたたりの原因を取り除くと、天皇は無事回復したそうです。

ライバル・蘆屋道満と対決する

晴明には、蘆屋道満というライバル陰陽師がいました。ある時ふたりは、箱の中身の当て比べをしました。この時、中身はミカンだと先に言い当てたのは道満でした。けれども晴明が、蓋を開ける前に術を使ってミカンをネズミに変えたため、道満は負けてしまいました。

ほかにも、井戸水を念力でわき出させた、式神という精霊を手下にしているなど、いろいろな晴明伝説が残されています。

安倍晴明、蘆屋道満と対決する
「北斎漫画」（部分）
国立国会図書館HPから

冠をかぶり矛をかついだ青鬼
「晴明にやられる前にはよ逃げよ」

前のめりに走る赤鬼
「ほなお先に〜」

5章
サラが呪いにかけられちゃった!?

平安時代の貴族たち 男性編

① 平安時代の貴族とは

平安時代の朝廷での仕事は、貴族や役人たちによって行われていました。

朝廷には「位階」という、全部で30に分けられた身分階級がありました。その中で、上から14までの人々を貴族と呼びました。また位階によって、与えられる役職（官職）も決められていて、高い位階ほどいい役職につく資格を持つことができました。

平安時代の貴族たちは、少しでもいい役職を得るために、上の位階を目指し、激しい出世競争をしていたようです。

② 主な仕事は季節の行事！

貴族の主な仕事は、200以上にも及ぶ宮中での年中行事を行うことでした。それぞれの行事は、厄除けなど、国にとって大事な意味を持っていました。占いや迷信を信じていた貴族たちは、これらの行事をしきたり通りにこなすことが、国の平和を守ることにつながると考え、大切に行っていました。

また彼らは、代々行事がしきたり通り無事に行えるよう、儀式の作法などを細かく日記に記録して、自分の子孫に伝えていたそうです。

> 平安時代の貴族たちは出世争いが大変やな〜ケッケッケ

頭部が笙の形をした笙妖怪。顔と手足は龍の姿、背中には羽が生えている。笙は平安時代の貴族が楽しんだ管楽器のひとつ

平安時代の貴族の男性の正装

冠・笏・袍・飾太刀・平緒・裾

「冠」をつけ「笏」を持った姿が、貴族の男性の正装で束帯という。背後に垂らした「裾」をいかに美しく見せるかがポイント

風俗博物館蔵

③ 貴族の頂点に立った藤原氏一族

平安時代になると、政治を動かすような有力な貴族たちが現れました。なかでも、大きな力を持つようになったのが、藤原氏一族です。

天皇が幼い時や病弱な時に補佐する役職が「摂政」、天皇が成人してから補佐する役職が「関白」です。藤原氏の男たちは、この役職を次のような方法で得ることで権力を握りました。

まず自分の娘を天皇に嫁がせ、娘が産んだ皇子を天皇にして外戚（母方の一族）となります。その上皇子は同居するので固いきずなで結ばれます。外戚で摂政や関白となり、政治の実権を握ったのです。

このような藤原氏が行った政治を、「摂関政治」と呼んでいます。藤原氏による摂関政治は、藤原道長とその息子・頼通の時代に最盛期を迎えます。

藤原氏って権力者だったんだね

もの知りコラム

我が世を築いた藤原道長

藤原道長は、3人の娘を次々と天皇に嫁がせて、外戚として摂関政治を行うことで政治の実権を握りました。道長は、最盛期には、朝廷の高い地位を一族で独占するなど、藤原氏を大きく繁栄させました。我が世を築いた道長は、自身の栄華を誇る次のような歌を詠んでいます。

この世をば 我が世とぞ思ふ 望月の 欠けたることも なしと思へば

（この世はまるで自分のもののようだ。少しも欠けるところのない満月のように、望みがすべてかなったのだから）

6章
見習い陰陽師は大変だよ

わお！平安時代の貴族のお屋敷はどれも立派だなぁ！

お姉ちゃん こりゃ すごいごちそう用意してくれるかもよ

そう言われるとなんだかいい匂いがしてきたような〜♡ うふふ

この姫君は餓鬼に憑かれているマリ

餓鬼!?

餓鬼とは生前の悪行により飢え渇きに苦しみ続ける餓鬼道に落ちた地獄の亡者たちマリ

TIME WARP memo
歴史なるほどメモ⑥

平安時代の貴族たち 生活編

① 「遊び」のような宮中の仕事

平安時代の貴族が仕事として行う年中行事には、天皇へ新年のあいさつを行う「朝賀」や「小朝拝」から、大みそかに一年の邪気をはらうざまなものがありました。なかには、月を眺めて楽しむ「十三夜の宴（後の月見）」や、季節ごとのお祭りなど、現代の人から見ると遊んでいるように思える行事もありました。

貴族たちは、仕事以外の時間は漢文や和歌を学んだり、楽器の練習をしたりして過ごしていました。

曲水の宴
3月3日に行われた春の行事。選ばれた歌人たちが、庭につくられた小川の周りで詩歌を詠み、その歌をみんなで聞いて楽しむ。中国から伝わった。　写真：朝日新聞社

> 楽しそうな仕事もあるんだね

平安貴族のトイレ事情

平安時代の貴族たちは、持ち運びできる「樋箱」という箱型のトイレで用を足していました。現代のような、独立したトイレ空間はなかったので、部屋の中を屏風で仕切って「樋殿」という空間をつくっていました。樋箱を使ったトイレの入り方を紹介しましょう。

【平安時代のトイレ】

① 屏風で仕切って「樋殿」をつくります
② 十二単の一番上の着物をとり――
③ 重ね着している袴を脱がせます

② 不吉を避ける占いがいっぱい

平安貴族は、不吉を避けるため、さまざまな占いに頼って生活をしていました。一日の行動は暦による吉凶で決まります。例えば、お風呂は、暦に書かれた最適な日を選んで入っていました。また、悪夢を見た時や、占いや暦が悪い日は、2日以上家にひきこもる「物忌み」を行って、わざわいを予防しました。ほかにも、さまざまな不吉を避ける方法がありました。

方違
目的地が凶の方角だった場合に行う呪法のひとつ。一度別の方角へ行って1泊してから、目的地に向かうことで不吉を避ける

反ばい
貴族たちが外出する時に、陰陽師が行う邪気をはらう呪法のひとつ。特殊な歩き方をして、悪いものを踏み破る

④ ここで「樋箱」の登場です！
⑤ 長い髪を前に回して 帯の間にはさみます
⑥ 樋箱の後ろにT字の棒を立て そこに着物のすそを掛けて――
⑦ 衣装で隠しながら箱の上にしゃがんで用を足します
使用後の樋箱の中身は、お世話係が川などに流して処理します

いいから はよ歩け

昔のトイレは なんぎやなあ

赤い手足の琵琶妖怪（左）が、龍のような脚の琴妖怪に紐を結び、引いている。琵琶と琴は、平安時代の貴族が楽しんだ楽器

7章
最強の怨霊・菅原道真

最強の怨霊？ 菅原道真

① 子どもの頃から学力優秀！

菅原道真は、幼い頃から優れた人物でした。道真は、祖父も父も学者という、学問に優れた家系に生まれました。5歳の時から和歌を詠み、14歳の時につくった漢詩の出来栄えが高く評価されるなど、早くから学問の才能を発揮していました。26歳の時には、とくに優秀な人だけに受験が許されていた最難関の国家試験に見事合格。877（元慶1）年、33歳の時には、菅原家が代々継いできた、文章博士という学者の最高位につきました。

＞道真は子どもの頃から優秀だったんだぞ

② 優秀な学者から、信頼される政治家に

若い頃は学者として活躍していた道真は、886（仁和2）年に讃岐国（香川県）を治める役人になりました。この時道真は、貧しさに苦しむ国を立て直し、人々に大変喜ばれたそうです。この仕事ぶりが高く評価され、宇多天皇の信頼を得た道真は、重要な役職をいくつも任され、政治の中心で活躍するようになりました。

もの知りコラム

道真、遣唐使を廃止！

菅原道真は、＊遣唐使に選ばれた時、唐（中国）は争いで国が乱れ衰えているのに、危険をおかしてまで行く必要があるのか疑問に思います。むしろこれからは、日本の中で独自の文化を築くほうがいいのではと考え、宇多天皇に遣唐使の停止を提案しました。天皇はこの提案を受け入れ、894（寛平6）年に遣唐使を中止しました。

＊遣唐使＝唐の進んだ文化や政治のしくみを学ぶため、朝廷が派遣した人々

③ 高級官僚から転落

道真は、さまざまな改革を行って、政治家として高い評価を得ていきました。また、娘を宇多天皇に嫁がせて、天皇とのつながりも強めました。899（昌泰2）年、道真は当時役人のナンバー2である右大臣に上りつめました。

この道真の出世は、役人ナンバー1の藤原時平をはじめ多くの貴族たちの反感を買いました。道真を失脚させようと考えた時平は、宇多天皇の後を継いだ醍醐天皇に「道真があなたを天皇の位からおろそうとしている」と伝えます。この話を信じた醍醐天皇は、901（延喜1）年、道真を大宰府（福岡県）へと左遷してしまいました。

身に覚えのない罪を負わされた道真は、大宰府に移ったあと、京都に戻ることを願いながら暮らしていました。しかし、その願いがかなわないまま、903（延喜3）年、59歳で亡くなりました。

もの知りコラム

神様になった道真

道真の死後、都では恐ろしい出来事が相次ぎました。道真をおとしいれた藤原時平や、醍醐天皇の子ども、孫などの急死。都を襲った干ばつや疫病などの災害。さらに天皇の住む清涼殿に雷が落ちるなどの不幸が続いたのです。

これらの出来事がすべて道真のたたりだと恐れるようになった人々は、清涼殿への落雷をきっかけに道真の怨霊と雷を結び付けるようになります。そして道真の魂をしずめようと、彼を天神としてまつるようになりました。

やがて江戸時代から明治時代になると、学問に秀でた道真にあやかろうと祈る人も出てきて、道真は学問の神様としても信仰されるようになりました。

> 死後 神様になったのだ！

菅原道真公

国立国会図書館蔵

8章 ダイゴの歴史図鑑を守れ！

TIME WARP memo
歴史なるほどメモ⑧

平安時代に発展した文学

① 世界最古の長編小説『源氏物語』

平安時代の半ば頃、世界最古の長編小説『源氏物語』が誕生しました。

作者の紫式部は、宮中に仕えた女性です。宮中で見たり聞いたりした、美しい衣装に身を包み、豪華できらびやかな生活をする、平安時代の貴族社会の様子が描かれています。

54帖（巻）にもわたるこの物語は、1千年後の現在もいろいろな国の言葉で翻訳され、20カ国以上で出版されて、読み継がれています。

紫式部
紫式部は、幼い頃から物語や書物を読むことが大好きで、学者だった父からたくさんの学問を学んだ、高い教養のある女性だった。藤原道長の娘で、天皇のきさきの彰子に家庭教師として仕えた
国立国会図書館蔵

② 『源氏物語』とは

『源氏物語』は、平安時代の貴族社会を舞台に、主人公の光る君（光源氏）と彼を取り巻く女性たちや、彼の子や孫たちが繰り広げる恋愛小説です。

この物語は、光る君の誕生から栄華を誇るまでの第1部、光る君の不幸な晩年を描いた第2部、光る君の子や孫たちの恋模様を描いた第3部の、大きく3つに分かれています。

もの知りコラム

かな文字が誕生

現在使われているひらがなやカタカナ（かな文字）は、平安時代に誕生しました。それまでは漢字しかありませんでしたが、漢字をもとに日本語の音をうまくあらわせるようにつくられました。

かな文字のおこり

ひらがな			カタカナ		
安	→	安 あ	阿	→	ア
以	→	い い	伊	→	イ
宇	→	宇 う	宇	→	ウ
衣	→	衣 え	江	→	エ
於	→	扵 お	於	→	オ

③ 独自に発展したさまざまな文学

平安時代には、作者自身が体験したことや感じたことを日記風につづった「日記文学」も盛んでした。日記文学の多くは、女性によってかな文字で書かれました。恋の話を和泉式部がつづったとされる『和泉式部日記』や、菅原孝標の女が少女時代から晩年までをつづった『更級日記』などが有名です。

かな文字は、この時代に漢字をもとにしてつくられ、主に女性が使っていました。日記文学の中には、男性歌人の紀貫之が、土佐（高知県）から京都への旅路を、女性の書き手風にわざとかな文字でつづった『土佐日記』もあります。

また和歌も盛んでした。この時代、とくに歌が上手だと評判だった小野小町ら6人の名人は「六歌仙」と呼ばれ、大変な人気を集めました。905（延喜5）年には、優れた歌を集めた『古今和歌集』がつくられました。この歌集は平安時代の歌の教科書として愛用されていました。

みんなも読んでみてね！

日本初のエッセー集 『枕草子』

『枕草子』は、平安時代にできた日本初のエッセー集です。清少納言という女性が作者です。

清少納言は、紫式部と同じく、幼い頃から歌や学問を学んだ教養の高い女性でした。また、紫式部が彰子に仕えたように、彼女も天皇のきさきの定子に家庭教師として仕えました。

清少納言
宮中に仕える清少納言は、紫式部と同じく、見聞きした平安貴族の生活や、宮中で感じたことをエッセーにつづった
国立国会図書館蔵

9章
スーパー陰陽師・安倍晴明!!

晴明
思い通りにいかぬ
この世の絶望感を
おまえにも
味わわせてやるぞ!!

わたしの父は
父を妬む者たちに
出世を邪魔され
悲しみながら死んでいった

母も
父の死を嘆き悲しみ
病のなか 死んでしまった

平安時代の貴族たち 女性編

① 平安時代の働く女性たち

平安時代には、宮中や上級貴族の家で、主人の身の回りの世話などをして働く、女房と呼ばれる女性たちがいました。

彼女たちは、仕える主人の髪の手入れや着付け、化粧などの世話だけでなく、手紙の代筆や家庭教師役なども担当していました。主人の評判が女房の善しあしに左右されるほど、重要な存在でした。そのため、優秀な女房を選ぼうと、主人たちは厳しい採用基準を設けていたそうです。

平安時代の女房の正装
女房装束という。着物を何枚も重ね着することから十二単ともいう。枚数は12枚とは限らない。どの色を重ねるかがおしゃれのポイント。
風俗博物館蔵

（檜扇・唐衣・袿・単・袴・裳）

② 勉強熱心な女性たち

平安時代の貴族の女性たちは、言葉の使い方はもちろん、歌や習字、音楽など、ステキな女性になるために必要なさまざまな教育を受けていました。

平安時代の恋愛には、歌を添えた手紙のやりとりが欠かせませんでした。美しい文字で、相手の心を射止められる上手な歌を添えた手紙が書けるよう、日々努力をしていたのです。

また、着物の選び方も大切な勉強でした。平安貴族にとって服装はとくに重要だったため、季節に合わせた着物の色や柄が選べる女性はポイントが高かったようです。

紫式部と清少納言は天皇のきさきに仕える女房だったんだよ！

平安時代の美人の条件

平安美人の特徴は、顔の形がぽっちゃり系で、目は切れ長のひき目、鼻は小さめで「くの字形」のかぎ鼻、口は小さなおちょぼ口でした。ほかにも、こんな条件がありました。

◆ ◆ ◆

黒くて長い髪は美人の命!
黒くて長い髪は、美人の重要なポイントです。長さは1m以上が普通で、真っすぐでボリュームのある髪が好まれました。なかにはつけ毛をして、美しい髪に見せていた人もいました。

白い肌はステキ!
色白も美人の条件のひとつです。色白に見せる必須アイテムがおしろいです。おしろいを顔や首、えり足や胸に塗って、美白に励んでいたのです。

黒い歯ってイイネ!
おちょぼ口に見せるための秘訣は、歯を真っ黒に染める「お歯黒」です。黒いほうが歯が目立たず、口もとが小さく見えるのだそうです。

ほかにも、眉毛は全部抜いておでこの上部に丸く眉墨を入れる、頬紅と口紅をつけて顔色を明るく見せるなどの化粧もしていました。
また、着物のセンスや歌のうまさ、字の美しさなども、美人の評価につながっていました。

小野小町
平安時代きっての美人として有名だった歌人。多くの男性をとりこにしたという
国立国会図書館蔵

妖怪
化粧をする醜女の妖怪。耳まで裂けた大きな口、太くて大きな鼻の妖怪(中央)が、機嫌よさそうに化粧をする。その様子を見てクスクス笑う仲間たち

「ひぃ〜」「きれいか?」「ぶさいくやわぁ〜」

10章 ニャン丸の命を救え！

何でそんなことするの？ニャン丸があんたに何したっていうのよ!!

……このネコには何の罪もないさ

だけどそれはわたしの家族も同じ……何の罪もなかったのに両親は死にひとり残されたわたしは鬼になった……

そして鬼になったわたしは……

平安貴族の時代が終わった

① 貴族の時代から武士の時代へ

平安時代の半ば頃になると、朝廷に対するさまざまな反乱が起こり、栄華を誇っていた貴族の生活を脅かすようになっていきました。

また地方では、武士と呼ばれる、土地を守るために武装化した領主や有力な農民が増えていきました。武士の中には、貴族を守り朝廷の治安を維持するために、都に出て彼らに仕える者もいました。彼らの中から、高い地位の貴族と結びついて出世し、さまざまな権力を得る者も現れました。その筆頭が、源氏と平氏です。

とくにその軍事力を背景に勢力を高めた平氏の平清盛は、やがて貴族を抑えて政治の実権を握りました。この政権に反発した源氏は、平氏と対立。源氏の源頼朝によって平氏は滅ぼされ、鎌倉幕府が開かれました。こうして貴族が栄えた平安時代は幕を閉じ、武士が活躍する鎌倉時代が始まりました。

妖怪
大きく口を開けた小猫の妖怪（右）と、打楽器のひとつの銅鈸子を頭にかぶった銅鈸子の妖怪が、巻物を読みながら歩いていく

「そりゃええことや」
「平安貴族はネコ好きかいな」

もの知りコラム

ペットのネコが大ブーム！

平安貴族たちも、家でペットを飼っていたようです。とくに人気だったのがネコで、中国から輸入された「唐猫」が大ブームになっていたそうです。

◆　◆　◆

ペットとしてのネコは、奈良時代の初期に日本に伝わったといわれています。平安時代前期の日記には、884（元慶8）年、唐から光孝天皇に黒猫が献上されたと記されています。

現代に残る平安時代の文化

現代の生活の中には、平安時代に行われていた占いやおはらいなどの考え方が残されています。神社でくじを引いて吉凶を占ったり、結婚式等で大安吉日を選んで縁起を担いだりするなどがその一例です。

◆ ◆ ◆

3月3日の「ひな祭り（上巳の節句、桃の節句）」は、もとは紙の人形に自分の罪やわざわいをなすりつけ、水に流してもらう儀式でした。それが、平安貴族の女子が紙びなを使って遊ぶ「ひいな遊び」と合わさり、江戸時代に現在のようなひな人形を飾るひな祭りになりました。

5月5日の「端午の節句」は、平安時代は「端午節会」という行事でした。5月は伝染病や害虫被害が多い、よくない月とされていたため、この日に菖蒲やヨモギをつるして不吉をはらったのです。その後武士たちが、武芸や軍事を重んじる意味の"尚武"が、"菖蒲"と同じ音なのにあやかって、武者人形を飾るようになったそうです。

2月3日の「節分」も、もとは平安時代の12月31日に邪気をはらうために行われていた「追儺」という大切な行事のひとつでした。この行事は、四つ目が描かれたお面をつけた方相氏と呼ばれる役の人が宮中を回り、内裏の外へ鬼（邪気）を追いはらうものでした。これが、豆をまいて鬼を追いはらう節分として、現代に伝わっているのです。

ひな流し（和歌山県・淡嶋神社）
舟に乗せて海に流されるひな人形
写真：朝日新聞社

五月人形
鎧兜をつけ馬にまたがる武者姿の五月人形
写真：朝日新聞社

追儺式（京都府・吉田神社）
四つ目のお面をつけた方相氏（中央）に追われて逃げ出す鬼たち
写真：朝日新聞社

平安の文化って今も残ってるのよ

教えて!! 河合先生

ぼくといっしょに、タイムワープの冒険を振り返ろう。
マンガの裏話や、時代にまつわるおもしろ話も紹介するよ!

歴史研究家：河合 敦先生

① 平安時代 ヒトコマ博物館

平安時代おまけ話

平清盛（1118〜1181年）

平安時代の有力武士・平氏のリーダー。朝廷での権力をめぐり、天皇家と武士が敵味方に分かれて戦った「保元の乱」や「平治の乱」で武士として活躍。この時の手がらなどでみるみる出世、朝廷での最高位である太政大臣となり、権力を一身に集めることに成功した。また、自分の娘と時の天皇を結婚させ、生まれた子（清盛の孫）を天皇の地位につけ、一族で栄華を誇った。

「江戸風俗東錦絵 福原殿舎怪異之図」白山人北為

平安時代の終わり頃、天皇に代わり政治の実権を握った平清盛は、強大な平氏政権をつくろうと、周囲の反対を押し切って、強引に都を京から福原（兵庫県神戸市）に移そうとした。そんな横暴な清盛のもとに、毎晩化け物が出たという伝説に基づいた絵

写真：すべて国立国会図書館HPから

教えて!! 河合先生 平安時代おまけ話

平安時代の闇と化け物

河合先生：やあ、サラとダイゴ。平安時代はどうだったかい？

ダイゴ：妖怪がいっぱいで、怖かった～！

サラ：わたし、平将門さんの呪いでちっちゃくなっちゃったのよ！！

河合先生：ニャン丸も大変だったね。

ニャン丸：もう少しで死ぬところだったニャ～。

河合先生：科学が発達していない平安時代は、病気になったり自然災害が起こったりするのは、何かのせいだと考え、恐れていたのよね。怨霊や妖怪などの目に見えない何かのせいだと考え、恐れていたんだ。

サラ：だから、安倍晴明さんのような陰陽師が活躍していたのよね！

▲安倍晴明
921～1005年

河合先生：ほかにも、武士たちによる化け物退治伝説がいろいろ残されているよ。例えば、右のページで紹介している絵は、平安時代の末に権力を誇った平清盛のところに、化け物が現れた様子だよ。

ダイゴ：平清盛って、平氏のリーダーだった人だよね！

河合先生：正解！ 自分勝手な振る舞いをする清盛のもとに、たくさんの妖怪が現れているんだ。

サラ：ガイコツがたくさんあって、なんだか気味が悪いわね。

武士たちの化け物退治伝説

河合先生：それから、下野国（栃木県）の武将で、将門を倒したことで有名な藤原秀郷のムカデ退治も有名だ。

サラ：将門さんを倒した人の話!?

河合先生：弓矢の達人の秀郷が、近江国（滋賀県）で、村人に悪さをする巨大なムカデを矢で射止めたという伝説だよ。

▲ムカデに弓を射ようとする藤原秀郷

▼土蜘蛛を退治する源頼光

河合先生：また、摂津国（現在の大阪府と兵庫県の一部）の源頼光は、けらいの渡辺綱と、巨大な土蜘蛛退治をしたと伝わるよ。

ダイゴ：平安時代の武士って勇敢だね！

175

2 平安時代 ビックリ報告

「絵巻」にはたくさんの工夫がある

「絵巻」って何？

平安時代には、日本で独自に発展した「絵巻」がいくつもつくられました。

「絵巻」は、横に長い紙に、物語などを文字と絵で表した巻物です。奈良時代に、中国から伝わった「画巻」（文学作品や仏教の経典に絵が入った読み物）を参考にしてつくられました。

もともとの呼び方は、「源氏絵」など「○○絵」と呼んでいましたが、江戸時代に掛け軸など同じような巻物と区別するため、「絵巻」と呼ぶようになったそうです。

- 重要な人物や物を、いくつもの場面に描いて時間の経過を表している
- 上から見下ろすように描かれている
- 右から左へ読み進める
- 命蓮が不思議な力で飛ばした鉢

どんな工夫があるの？

「絵巻」には、読む人がより楽しめるよう、たくさんの工夫があります。

例えば、「絵巻」は見下ろして読むため、上から見下ろした角度で描かれています。また、建物の中の様子がわかるよう、屋根や天井、壁などの一部は描かれていません。

ほかにも、同じ人物や物をいくつもの場面に登場させたり、同じ場面に複数描いたりすることで、時間の経過を表しています。

「信貴山縁起絵巻」（全3巻）
10世紀初め頃に、大和国（奈良県）の信貴山で修行していた僧・命蓮にまつわる話が描かれている

写真：すべて国立国会図書館HPから

教えて!! 河合先生 平安時代おまけ話

どうやって読むの？

「絵巻」は、右から左へと話が展開するよう描かれています。読む時は、巻物を机や床の上に置いて、巻紙を左側へ開き、読み終えた場面を右側へ巻き込む動作を繰り返し読み進めていきます。
巻紙を開く長さは、肩幅くらいがちょうどいいとされています。

どんな内容があるの？

「絵巻」には、大きく分けて7つの種類があります。

- 物語絵巻＝特定の作者がつくった物語。
- 説話絵巻＝事件や伝説、童話などが題材。
- 御伽草紙＝世相を取り入れた短編小説。
- 合戦絵巻＝戦の記録と武士の活躍。
- 経典絵巻＝神や仏の教えなど。
- 縁起絵巻＝社寺の由来や伝説など。
- 伝記絵巻＝高僧についての記録。

どの作品も、日本特有のテーマや事物が描かれています。

絵巻にはたくさんの種類があるんだね！

▼「信貴山縁起絵巻」(上巻)
信貴山の修行僧・命蓮が、修行で得た不思議な力で長者の家に鉢を飛ばし、米をめぐんでくれるよう頼んだ。だが、長者が拒んだため、鉢に米倉ごと載せて、強引に信貴山まで飛ばし、長者を困らせるのだが……

米倉を載せ飛んでいく鉢

物語は、文字と絵で表されている

▲「信貴山縁起絵巻」(中巻)
醍醐天皇が重い病にかかった時、命蓮は信貴山にいながら祈祷によって病を治した。感謝した醍醐天皇は、僧侶としての高い地位や土地を与えようと申し出るが、命蓮は地位も富もいらないと、申し出を断った

建物内の様子がわかるよう、屋根や天井、間仕切りの壁などの一部は描かれていない

③ 平安時代 ニンゲンファイル

空海（くうかい）
日本に密教を伝えたスーパー僧侶

唐に学び、日本に密教を伝える

空海は平安時代の初め頃に活躍した僧です。804（延暦23）年、唐（中国）に渡り密教を専門に学びました。密教とは、経典を読むだけではなく、独特の儀式などを通して仏の教えを伝える、秘密の教義のことです。この教えを、わずか数ヶ月で習得した空海は、帰国後密教を根本とした真言宗を開きました。

才能豊かな天才仏教者

唐に渡った時、空海は仏教以外にも、最新医学や工芸・土木技術も学びました。帰国後は、土木技術者や教育者としても活躍して、才能を発揮しています。また語学にも優れ、唐では通訳がいらないほど中国語がペラペラでした。字もとても上手で、江戸時代に字の達人ベスト3に選ばれるほどでした。

真言密教こそ真の教えなり‼

空海（774～835年）

真言宗の開祖。讃岐国（香川県）出身。仏教を学ぶため、最澄らと遣唐使船で唐に渡る。帰国後、真言宗を開き、高野山金剛峯寺（和歌山県）や教王護国寺（東寺／京都府）を真言宗の本山とした。死後、天皇から「弘法大師」という名を贈られる。「大師」とは、特別な僧に贈られる尊称。

教えて!! 河合先生 平安時代おまけ話

日本仏教の発展に大きく貢献した僧
最澄

仏の教えは法華経にあり

天台宗を設立

最澄は、空海らと唐に渡って天台宗の教えと密教を学び、多くの経典を持って帰国後、比叡山延暦寺に天台宗を開きました。
　もともと天台宗は、仏教の伝統ある宗派のひとつでしたが、最澄が開くまで、日本には伝わっていませんでした。彼は、自身が学んだ伝統的な教えに密教の要素も加えながら、日本に天台宗を発展させていきました。

日本仏教のもとを育てる

最澄は、修行のほかに仏典の研究にも熱心に取り組みました。また、比叡山で修行する僧たちの規則（戒律）をつくるなど、新しい試みを行い、日本仏教界に大きな影響を与えました。
　最澄の活動によって、延暦寺は仏教・学問の中心となり、たくさんの名僧を育てました。延暦寺で学んだ僧の中からは、鎌倉時代に新しい仏教を開いた栄西（臨済宗）、親鸞（浄土真宗）、道元（曹洞宗）などが出ています。

最澄（767※〜822年）

日本天台宗の開祖。近江国（滋賀県）出身。12歳で出家し、785（延暦4）年から比叡山で修行を重ねたあと唐へ留学。帰国後、比叡山で天台宗を開いた。死後、天皇から「伝教大師」という名を贈られる。大師の尊称をつけられたのは最澄が最初。
※766年誕生説もある

	天台宗		真言宗
開祖	最澄（伝教大師）		空海（弘法大師）
総本山	比叡山延暦寺（滋賀県）		高野山金剛峯寺（和歌山県）
お経	法華経		大日経・金剛頂教
特徴	「人間は誰でも成仏できる」という教えを説く。最澄の弟子の円仁・円珍によって本格的に密教の教えが取り入れられた。		密教の教えが根本。言葉や文字だけではなく、体で仏の教えを感じることで、生きながら仏と一体になる「即身成仏」を説く。

空海さんが真言宗で最澄さんが天台宗ね

④ 平安時代 ウンチクこぼれ話

【安倍晴明は狐の子？】

平安時代のスーパー陰陽師・安倍晴明には、出生にまつわる不思議な伝説が残されています。

江戸時代に成立した、陰陽道について書かれた史料によると、晴明の母は信太（大阪府）の森にすむ狐で、信太明神の化身だったと伝えられています。怨霊に対抗するなど、人間離れした力を操る晴明は、人の子ではないのだろうと考えられていたのかもしれません。

晴明様にはたくさんの伝説が残されているのです

【平安貴族は烏帽子が命！】

平安貴族の男性は、いつも烏帽子という帽子をかぶっていました。当時は、人前で頭を見せることはとても恥ずかしいことされていたため、寝る時でも烏帽子を離さないようにしていたそうです。

彼らにとって、烏帽子をかぶらないまま人前に出るということは、現代の感覚でいうと、パンツをはかずに人前に出ることと同じような感じだったのかもしれません。

これが烏帽子！室内でもかぶるのが当たり前だった!!

国立国会図書館蔵

【平安貴族の姫君はいくつで大人の仲間入り？】

現代では、20歳になると成人式を行い、大人の仲間入りをします。でも平安貴族の姫君は、12〜14歳くらいで成人の儀式を行い、それ以降は大人としてみなされ、結婚する人も多かったそうです。

ちなみに、平安貴族の結婚は、夫婦が同じ家で一緒に暮らすのではなく、夫が妻の家に通う「妻問婚」（通い婚ともいう）といわれる形式が一般的でした。夫が通ってこなくなると、離婚ということになったのだそうです。

平安時代の貴族の習慣は現代とはかなり違うんだね

教えて!! 河合先生 — 平安時代おまけ話

【相撲道と陰陽道】

古くから、皇族や貴族たちに親しまれていた相撲は、平安時代には国家の平穏安泰や豊作などを祝う儀式のひとつとして、行われるようになりました。

現在、大相撲が行われる土俵のつり屋根の四隅には、「四房」という、4色の房が飾られています。これは、平安京を守ったといわれる四神（→26、39ページ）を表していて、五穀豊穣を祈念しているのだそうです。こんなところにも、平安時代の陰陽道が残されています。

▲大相撲の土俵
屋根の四隅につるされている4色の房が四房。
赤、白、黒、青の4色
写真：朝日新聞社

【平安時代の市場】

平安京は、朱雀大路（→38ページ）を中心に、左京（東側）と右京（西側）に分かれていました。

左京と右京には、それぞれ東市と西市と呼ばれる、役人が管理する市場がありました。市場では、米、塩、魚などの食品や、服やくつ、糸や布などの衣料品など、日常生活に必要なものが売られていました。また、薬のような貴重品も、東西どちらかの市場で限定販売されていたそうです。

平安京の市場ではおかしも売られていたんだって

【七五三のお祝いと陰陽道】

みなさんが3歳、5歳、7歳の時に神社で行う七五三のお祝いの儀式も、陰陽道とかかわりがあります。

七五三のお祝いの時に千歳あめを食べたわ！

平安時代半ばには、3歳から8歳くらいまでの、貴族の子どもの成長を祝う儀式として行われていました。それが、古代中国に起こった陰陽説で、めでたい数字と考えられている奇数の3、5、7の年齢に祝う儀式として、一般に広まったそうです。

平安時代の話はこれでおしまい！別の時代で、また会おうね！

平安時代～鎌倉時代初め 年表

平安時代

年	出来事
794年	都が京都に移る（平安京）
805年	最澄が天台宗を開く
806年	空海が真言宗を開く
894年	菅原道真の提言により、遣唐使が中止される
901年	道真が大宰府に左遷される
939年	平将門が関東で乱を起こす。藤原純友が瀬戸内海で乱を起こす（2つ合わせて承平・天慶の乱。～941年）
1001年	この頃、清少納言が『枕草子』を完成させる？
1008年	この頃、紫式部が『源氏物語』を完成させる？
1016年	藤原道長が摂政になる

鎌倉時代	
1017年	道長の子・藤原頼通が摂政になる
1051年	東北地方で、前九年合戦（〜1062年）
1083年	東北地方で、後三年合戦（〜1087年）
1086年	白河天皇が上皇になり、政治を行う（院政の始まり）
1156年	保元の乱
1159年	平治の乱
1167年	平清盛が太政大臣になる
1185年	壇の浦の戦い（源頼朝の弟・源義経が平氏を滅ぼす）
1185年	頼朝が全国に守護・地頭を置く
1192年	頼朝が征夷大将軍になる

監修	河合敦
編集デスク	大宮耕一、橋田真琴
編集スタッフ	泉ひろえ、河西久実、庄野勢津子、十枝慶二、中原崇
シナリオ	泉ひろえ
コラムイラスト	相馬哲也、姫田一十四、イセケヌ
コラム図版	平凡社地図出版、エスプランニング
参考文献	『早わかり日本史』河合敦著 日本実業出版社／『詳説 日本史研究 改訂版』佐藤信・五味文彦・高埜利彦・鳥海靖編 山川出版社／『新版 これならわかる！ ナビゲーター 日本史B ①原始・古代〜南北朝』山川出版社／『続日本の絵巻 27 能恵法師絵詞 福富草紙 百鬼夜行絵巻』小松茂美編 中央公論社／『ビジュアルワイド 平安大辞典 図解でわかる「源氏物語」の世界』倉田実編 朝日新聞社／『平安建都1200年記念 甦る平安京』京都市編・発行／『平安女子の楽しい！生活』川村裕子著 岩波書店／『愛とゴシップの「平安女流日記」』川村裕子監修 PHP研究所／『改訂版週刊マンガ日本史 改訂版』12〜17号 朝日新聞出版／『週刊マンガ世界の偉人』53号 朝日新聞出版／『週刊なぞとき』16号 朝日新聞出版

※本シリーズのマンガは、史実をもとに脚色を加えて構成しています。

平安時代へタイムワープ

2018年3月30日　第1刷発行
2024年3月30日　第8刷発行

著者	マンガ：市川智茂／ストーリー：チーム・ガリレオ
発行者	片桐圭子
発行所	朝日新聞出版
	〒104-8011
	東京都中央区築地5-3-2
	編集　生活・文化編集部
	電話　03-5541-8833（編集）
	03-5540-7793（販売）
印刷所	株式会社リーブルテック

ISBN978-4-02-331665-2
本書は2016年刊『平安時代のサバイバル』を増補改訂し、改題したものです。

落丁・乱丁の場合は弊社業務部（03-5540-7800）へ
ご連絡ください。送料弊社負担にてお取り替えいたします。

©2018 Tomoshige Ichikawa, Asahi Shimbun Publications Inc.
Published in Japan by Asahi Shimbun Publications Inc.